王汶松　攝

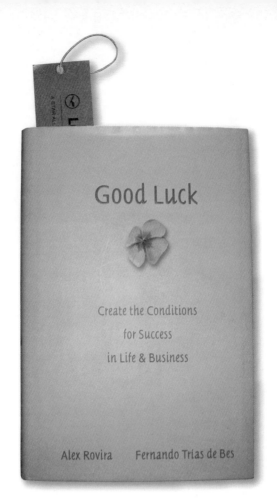

Estupendo！
我的西班牙假期
我的**西班牙**假期

作者 ■ 周淑蘭

晴易文坊媒體行銷有限公司
http://www.sunbook.com.tw

感謝
Thanks Page

¡Estu

　　我越來越瞭解到，一個夢想的實現，只靠一己的意志力是不夠的，還需要天時、地利、人合多方面配合；就像一粒種子需要陽光、土壤、雨水的滋養，才能長成大樹。

　　深深覺得自己何其幸運，在這麼多親朋好友與家人的關愛祝福之下，一趟自助旅行的夙願完成了；還有，這本旅遊書的出版，更感謝總編輯楊逢元先生的協助，以及兩位好友盛情作序，為書增色。

　　獨樂樂不如眾樂樂，也因為您的分享，讓這些個人化的體驗更有意義了。

　　感謝大家的熱忱參與，在此致上深深的謝意。

周淑蘭

推薦序
Foreword

不只是旅行
記周淑蘭半百之後的心靈兼旅行筆記-----蘇玉珠

　　中年以後，人生的滋味才能分辨出一點點的味道。

　　也因此對不可知的未來，與其說少了年輕的期盼，不如說更多的是害怕。

　　不是害怕不可知的未來，是否不再甜蜜。

　　而是擔心不可知的尷尬，擔心自己是否有能力承擔，平常扮演著小孩的推進器，鼓勵小朋友勇敢探索未來，但中年的媽媽，要跨出家門，腳底下豈止是千斤萬擔。

　　而，周淑蘭、中年了，有著所有都市上班族的平凡生活，但一年的

計畫、一個月兌現的西班牙自助旅行,讓她在中年的滋味裡加入了一味她自己的獨有調味料,不是媽媽的味道,而是完整的一個中年女子的心靈之旅。

18歲,在淡江的互助館女生宿舍裡,我們第一次見面,大家抱著興奮的心情急著打開自己、也急著探尋室友的味道,記得輪到阿蘭時,她說她們家炒菜時都要放一點糖,哦,原來她來自南靖的糖廠,一個讓大家笑成一團的標記,好甜的阿蘭。

甜甜的滋味,那就是周淑蘭,當你讀她的西班牙旅行筆記,將不難發現那一股清清甜甜的味道,不是中年女子的平淡,而是心情上沈潛之後回甘的清甜美味,一種自我追尋散發出來的甜美。清清如水的筆觸中,那是經過努力後散發出來的清香和清甜,讓人反覆有著淡淡的美感,像音樂也像幅畫更像首詩。不膩,就算是濃烈的西班牙鬥牛場,在周淑蘭的心靈視窗中,依然是清淡的,透過她的心情反映,帶給讀者另一種欣賞的窗景。

從大一開始,不疾、不徐、不慌、不忙、溫柔而抒情。

永遠是一本書,自在自得。

及至中年,這種感覺依然如是。在單調的上班工作中,以自在的恬靜,完成了西班牙自助旅行的壯舉,不是歡樂的喧嘩,也不是艷麗的西班牙,她將西班牙的詩與音樂、還有美術,還原出清淡的原味與我們分享,呈現出美麗的風景。

是的,的確是一本旅行的書,但卻絕對是一本有著獨家配方味道,真棒!

推薦序
Foreword

微笑的顏色

導演何平在接受電視訪問時說：

今天有工作做，開心。

明天有工作做，開心。

一年沒有工作做，也開心。

可以打球、騎馬。

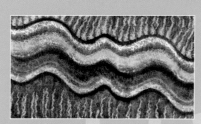

不往後看，不後悔，積極的生活態度，就能開心。

就是在這種心境下，淑蘭勇敢地準備，踏出她的西班牙隨興之旅。

　　歌唱家騰格爾的演唱，那充滿感情的聲音和真摯的表情，很令人動容。有一位作曲家說，他是咬著牙、流著血在吟唱心靈的真情。騰格爾卻說，他是很自然地唱著歌。淑蘭的這趟旅程，寫來異常平靜與滿足，實際的過程，從想去、去了、回來，卻是波濤洶湧…

　　爭取家人的同意及放心，
　　踏上異國的陌生恐懼，
　　一個地方連接一個地方的摸索，
　　旅途中許多景物的感動，
　　一個人孤獨的寂寞及思鄉的沉重
　　一點也不平靜。我常想，淑蘭雖不是咬著牙、流著血，但，二十天的歷程卻也是有夢最美，有真感情最開心。自由地、勇敢地面對自己，是那麼徹底、那麼純粹的幸福。
　　看完淑蘭的旅行札記及照片，有一種顏色浮現在我的眼前，那是一種微笑的顏色。
　　遠離了日常的生活，在一個陌生的國度，讓生命真正潛沉下來。這時，眼前所見、腦子裡所想，就是自由自在、微笑的顏色。
　　就讓我們來分享一趟珍貴的心靈之旅吧！

平心

¡Estupendo！ 我的西班牙假期

【目錄】Contents

Contents >>

Part II 【路上】

Part III 【歸來】

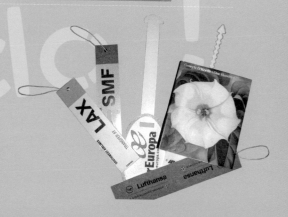

Part I

醞釀

Brewing

1. 緣起

　　不知不覺，朝八晚五的工作持續二十多個年頭了，好不容易每年可以有一個月的休假。以前都是零零散散、平平淡淡地用掉。做做家事、逛逛書店、與朋友聚聚…，沒有遠大的計畫。

　　新上任的楊木榮館長極力鼓勵我們，把工作安排妥當就可以休長假。於是我開始認真思考：如何把休假做最有意義的發揮？不再隨意揮霍自己寶貴的假期。

　　好想利用這難得的機會，跳脫規律、安逸、狹隘的日常生活，到一個遙遠、陌生的地方。不是波希米亞式的漂泊流浪，只是換個地方生活一陣子罷了。

　　為什麼你要讓自己成為囚徒呢？
　　當窗開得那麼大的時候？

　　　　　　　　　　—魯米

　　一趟西班牙自助旅行，是我嚮往已久的。

　　與其說是自我慰勞，不如說是對自己全方位的挑戰，考驗自我各方面的能力。

　　夢想如果不付之實現，將是精神上永遠的煎熬；夢想的實現，也不是短時間之內，不經過任何努力就可以達成的。尤其對一個完全沒有自助旅行經驗的中年婦女，更需要周延詳實的安排和準備。

　　首先面對的最大工程，就是如何得到先生的同意。如何讓他的心態從不當真、不贊成，到最後轉變為資助與叮嚀（當我在國外，聽到他百忙中還親自下廚，為孩子準備早餐和便當，非常感動，由衷地感謝他的支持與配合）。能這樣開放，有如此大的躍進，其實是投入了相當的心力慢慢燉煮的。

　　還有孩子呢？

　　每個父母都疼愛子女，只是方式不同。

　　很多婦女朋友把自己緊緊地綁在家庭，對孩子無微不至的呵護；我的愛是信任和多一點解放，希望他們活出自己，養成自動自發的習性。我的孩子高二、大二了，我認為他們要學會自我督促，做好自己的課業以及生活作息。暫時的分離，適度的鬆綁，正是給予彼此成長的空間和磨練的機會。

2. 魅惑

「爲什麼你那麼喜歡西班牙？」

「西班牙有那麼好玩嗎？」

「不是去過了嗎？」

「爲什麼不去普羅旺斯？托斯卡尼？或者布拉格？」

親友們問著，建議著...。

對於一個國家的認識，以致於對它的愛好，我是從文學、藝術、音樂...的角度開始的，那是一種生命共同體更深沉、更細緻的觸動、交流、和享受。

每天，只要打開台北愛樂電台，西班牙的音樂悠悠流瀉...。

作曲家阿爾班尼士、盲人音樂家羅得利哥、大提琴家卡薩爾斯、演唱家卡巴葉、卡列拉斯...美妙、動人的旋律和歌聲，早已如老朋友一般熟悉、親切。

西班牙有五位諾貝爾文學獎得主，希梅內茲那一本「小灰驢與我」，描寫人和動物之間的深厚情誼以及田園生活，尤其令我愛不釋手。

有一天，作者想帶小灰驢進大花園看看，守門人說：

「驢子不能進去，先生。」

「驢子？驢子在哪裡？」我看著普拉特羅的背後問道，普拉特羅

具有什麼樣的動物形狀，我完全忘了。

「你竟說在哪裡！你這是什麼意思...？」

聽他這麼一說，我好不容易才回到現實來。如果普拉特羅因為是驢子而「不能入場」，我也不想因為自己是人而入場了。……

（摘錄自〝小灰驢與我〞梁祥美譯）

　　讀到這一段有趣的文字，我不禁莞爾，也深受感動。

　　想起家裡那隻從流浪狗收養來的邊境牧羊犬，現在成為全家人的寶貝，一看到牠心情就愉快起來，每個人都搶著要和牠親熱。要不是牠偶爾還吠一吠，我們也忘了家裡有養「狗」，倒像多了一個狗兒子、狗兄弟！

此外，還有建築怪傑高第、畫家畢卡索……。

這麼多瑰麗的藝術文化，從不同的層面開啓了我的心靈視野。好像發現一片新大陸一樣，我興味盎然地欣賞、玩味。同時，也有一種相見恨晚的感覺。

三年前，我隨旅行團遊歷了西班牙東部、南部和中部十二天，仍然意猶未盡。如同花香一般，她誘惑著我繼續尋幽探訪。西班牙於我，是一種根深蒂固、迷戀式的追尋。

王汶松　攝

3. 決心，就像不倒翁

　　找一位自助旅行的同伴，真不容易啊！

　　邀遊的結果，大家不是家庭、工作放不下；就是時間不允許；或者不敢冒險…。我瞭解每個人的時間、感興趣的國家、休閒的方式其實不盡相同，不能也不應該勉強，只好做獨行的心理準備。這是非常重要的，讓我在四面楚歌的情況之下，還能夠堅持下去。

　　幾個月前，恐怖份子才在馬德里火車站引起爆炸事件。最近，大陸溫州鞋的低價競爭又引發排華示威。連外交部的網站都把西班牙列為紅色警戒區，標示著「不宜前往」。辦簽證的時候，經辦人員也一再強調馬德里治安問題不可輕忽，我才驚覺事態的嚴重。

　　一連串的事件以及危言，不斷引起我的惶恐和不安。

　　有時不免想打退堂鼓，找個旅行團到其他國家輕鬆一遊算了。但是儘管有過多次猶豫，像不倒翁一樣，情緒搖搖擺擺之後又穩固了。旅行團那種走馬看花的模式，絲毫沒有可以注入自己

情感的縫隙，實在提不起我的興趣。我想嘗試另一種方式，以自己的步調，跟著自己的興趣遊走。

　　克里希那穆提說：「一個人單獨出走是很重要的。保有天真和信心，你就會看到驚人的美感和深度。」我如是相信，更想親身體驗。

王汶松　攝

4. 語言

　　有人說，不懂當地的語言更刺激，更可以發揮肢體、感官之旅，我還沒有勇氣這樣嘗試，至少一些基本的生活用語要會吧。

　　當我開始學習西班牙文，才發覺資源非常有限，不如英日語的豐富和便利。有些社區大學即使開列西班牙文班，都因人數不足而取消；幾所大學推廣中心的密集課程，也由於時間因素無法配合。

　　我尋尋覓覓，好不容易找到在民生活動中心上課的梁世興老師（他移民阿根廷、巴西十多年），教學認真又熱心。只要有學員缺席，他總是義務補課，希望我們學會、學好。

　　我注意到西班牙文和英文有些字彙完全一樣，唸法卻大不相同，很有意思。從這小處，我明白了一個道理，那就是：容許並尊重一件事情有不同的看法和想法；以及當事情遇到膠著時，換一個角度看待，不要偏執。

　　每週一次，學習了六個月。

老師問：「打算何時出發？」

老實說，我還未決定呢。等學通一點再說吧！

畢竟，多一點語文能力，多一份安全感。

老師說：「語言是無止境的。我們也學了不少，能把學過的講出來就不錯了。當初移民的時候，差不多這樣的程度，我就攜家帶眷出去了。很多人甚至完全不會呢！」

真是佩服他們的勇氣！

附記：

　　旅行的時候，我渾身解數，把記得的用語加上肢體語言雙管齊下，打理了生活起居。譬如點菜，聽不懂複雜的食物名稱，老闆乾脆帶我進廚房看看菜色，問我要吃哪一樣？打開冷藏庫，問我要喝什麼飲料？又如問路，當地人熱心地詳細指點，而我只記住聽得懂的關鍵字，如直走、左轉、右轉。走一段之後再問，通常離目標就不遠了。

　　這樣的經驗不也很有趣？

5. 栗子成熟時

　　整理資料的時候，無意間看到一張多年前的剪報：「如果九月你來到加利西亞（西班牙西北方），一定要嚐嚐這兒的烤栗子，和野櫻桃酒一起品嚐，可說是絕配。秋天的加利西亞鄉野間，滿是成熟的栗子...」

　　一面讀著，一幅美麗的圖畫在我腦中慢慢形成...

　　我喜歡烤栗子的感覺，卻沒見過赫曼·赫塞在書中經常提到的「巨大而威嚴的老栗樹」，更不用說撿栗子的樂趣了。

　　每年九月，迪化街的天津栗子剛上市，我會應景買一些。想吃的時候，拿剪刀在每一粒硬殼上剪個缺口放進烤箱，十五分鐘左右，當嗶嗶啵啵的聲音停止就可以吃了。尤其天冷的時候，一盤剛出爐的烤栗子，滿足了口腹之慾，也溫暖了一家人的心。

　　栗子又名板栗、毛栗，營養豐富，有「乾果之王」的美稱。

　　據說在中國大陸，當栗子成熟時市場就熱鬧起來。人們忙進忙出，車子來來去去，都是一袋袋的栗子。栗子在人們眼中變成

閃亮的黑金，孩子的學費、生活費...都有了著落。

　飽滿、美麗的栗子，閃耀著幸福的光環，人人愛栗子。

　我決定了，九月栗子成熟時，我就啓程！

THE CHESTNUT GATHERERS (栗子成熟時)

Georges LACOMBE

(1868-1916)

20.3×25.4 cm

6. 繪製行旅圖

　　還記得小時候寒暑假，媽媽常帶我們去外婆家玩。那時候的我，心裡一直有個疑問：為什麼大人都知道該怎麼搭車？哪一站下車？換什麼車？是不是只要長大，自然而然就會了呢？

　　現在我明白，只要掌握這一套基本原則，就可以行遍天涯。因此，自助旅行難嗎？一步一步來，似乎不是那麼困難。

　　我偏愛綠色甚於陽光，不知道為什麼，各家旅行社並沒有西北部綠色西班牙的行程。也因此給我機會，自己規畫、自由行走。

　　陸陸續續買下關於西班牙旅遊的書籍，詳細閱讀之後，挑出自己最感興趣的景點，在地圖上標示出來、連成線，一條行旅藍圖就出爐了。除了書籍、雜誌，還要上網站收集第一手資料。網路上各式各樣的資訊都有，也較新穎、詳細。

　　當我在找尋桑坦德城市資訊時，看到有一個國際學術研討會在桑坦德科技大學舉行。主辦單位特別製作了城市導覽網頁，包

括交通、食宿、依主題設計的步行路線…。我如獲至寶，這不正是我迫切需要的資料！

　　像一粒種子的發芽、茁長，我點點滴滴地蒐集，巨細靡遺地編織，可以說資訊已經爆滿，只等待把它化為行動了。

　　旅行的樂趣，不是等到出發時才開始的。在行程設計中，天馬行空的想像就已經展翅飛翔。

　　我從 "lonely planet" 旅遊書得知，巴塞隆納奧運會游泳池對外開放，於是興致勃勃地把它加入行程，高興得一夜失眠了！妹妹提醒我：「妳不怕沉下去嗎？」說完，兩人哈哈大笑。想像中「世界級」的游泳池一定是又大又深，很嚇人的吧！

　　獨自旅行，行程的設計自由開放，可以因為看了一本書；可以因為與某人的一次談話而增減景點，無需和他人妥協。

起初，我計畫一次就把西部、北部走透透，如加利西亞地區、聖地牙哥...等地。後來考慮行程不要太緊湊，以免每天趕路失去旅行的意義，於是把西北部捨去，留下一個寬鬆的行程。

整整二十天，只去五個地方是否太浪費了？

那就像繪畫的「留白」，我想留給身心充裕探索的時間和空間，讓所有的感官開展。是品嚐一頓精緻的養生餐，不是囫圇吞棗吃撐的自助餐。

這麼豐富的細節和自主規畫的樂趣，是以前習慣於團體旅行的我所不得而知的。

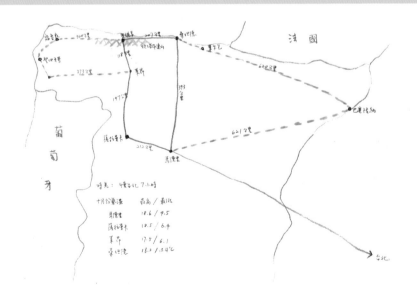

7. 與世界接軌

　　到旅行社全球開放網站訂購便宜的機票。

　　出發時間決定之後，不定時上旅行社網站看看有沒有符合自己需求的機票，不要以為還有三、四個月還早。很多旅行社和全球航班訂位系統都有即時連線，可以根據選訂的出發地、目的地和歸期，依照票價高低，排列出各家航空公司的各個航班，查詢非常方便。仔細斟酌轉機時間，選出最適合的班次後就先訂位，以免動作太慢只能候補就麻煩了。還要提醒旅行社開票時間到要通知（約出發日前二週），否則很有可能票被取消，我就是因為這樣而延期的。

　　每一家旅行社列出的航班、價格不盡相同，多比較幾家：

雄獅旅行社　　www.liontours.com.tw

易遊網　　　　www.eztravel.com.tw

玉山票務中心　www.ysticket.com

　　機位確認之後，才能安心地繼續其他事項，如辦理護照、簽證，對於初步的藍圖也要進一步修改。本來計畫從馬德里進入，巴塞隆納回來，因為班機的緣故改從馬德里回來，於是路線也得跟著調整。如此反反覆覆雖然繁瑣，但也增長更多常識。

　　訂妥機位，不再只是個人的紙上作業。隨著出發日期一天一天接近，心情也起伏不定，有時緊張，有時興奮，還有不敢言說的忐忑不安。

■歐洲機票搜尋首頁

■依目的地查詢

■預查適用航班

8. 輕裝簡行（10/6～10/26二十天）

一、打包行李

為了避免行李託運出狀況造成不便，我打算自己隨機攜帶，因此用品盡量簡化。

1・兩套內、外衣褲、一件薄夾克、一件厚外套、大圍巾、襪子、一雙便鞋、室內拖鞋、雨傘。

2・牙膏、牙刷、肥皂、洗髮精、毛巾。

3・手機、電池、充電器。

4・數位相機、電池、充電器、記憶卡。

5・220→110變壓器。西班牙的插座為圓形，內凹於牆面，還要準備一個連接頭。（如圖示）

6・小收音機。

7・塑膠刀、叉、匙、筷備用。

8・書、筆記本。

9・貼身袋。放護照、機票、鈔票。

10・備用藥品。

11 · 兌換歐元及準備二張信用卡。

12 · 駐西班牙台北經濟文化辦事處以及各種緊急狀況連絡電話。

　　駐西班牙代表處 （002-34）915714729

　　　　　　　　　 （002-34）639384883

二、安排往返機場交通

如果用白金卡刷卡付機票，信用卡公司可提供免費機場接或送（一年兩次），或機場貴賓室使用（一年五次），二者擇一。早一點連絡妥當。

三、交代事項

個人公、私事交代，所有物品整理。趁此機會清除久置不用的東西。

西班牙全圖

李瑞東　繪

Part II

路上
On the Way

9. 薩拉曼卡 *Salamanca*

　　薩拉曼卡是一個歷史悠久的古城，獲得聯合國教科文組織「人類遺產」的稱號；並被選為2002年的「歐洲城市」。從世界各地慕名而來的觀光人潮，幾乎把主廣場淹沒了。附近大大小小的旅館差不多都客滿，餐廳人聲鼎沸，越晚越熱鬧。讓我見識到文化的吸引力，以及一座大學城的無窮魅力。

　　我常常從主廣場，沿著貝殼之家、大教堂、大學、麗斯之家、修道院等古老建築散步。穿梭在起起伏伏、寸土寸金的石板巷弄間，感受著空氣中洋溢的迷人韻味。

薩拉曼卡的舊主教堂建於12世紀，有著典型的羅馬式圓頂。

貝殼之家（Casa de conchas）

這一棟十五世紀的建築，因外牆裝飾著整齊排列的貝殼浮雕而聞名。內部是現代化的公共圖書館；另一側是旅遊中心，使用的讀者和諮詢的觀光客不少。

貝殼之家建於15世紀，融合了哥德式、摩爾式、義大利的建築風格。

新藝術與裝飾藝術博物館
（Museo Art Nouveau Y Art Deco）

又稱麗斯之家（Casa de Lis）www.museocasalis.org
門票2.5 € 。

一幢小而美的二層樓房，背對著Tomes河。是結合一位富商畢生收藏的裝飾藝術精品，和一位工業鉅子新藝術風格的宅第而成的小型博物館。

麗斯之家展出新藝術與裝飾藝術的各式創作與大師級藏品。

什麼是新藝術Art Nouveau？裝飾藝術Art Deco？

十九世紀歐洲工業革命之後，藝術家們不滿於裝飾藝術仍處於古典時期的守舊與刻版，而發展出一種瘋靡國際的新藝術風格。他們用藤蔓、花莖捲曲的線條和動物、女性圖像，表現出精緻、典雅、浪漫的氣息。這個運動影響的範圍很廣，包括建築、雕塑、室內設計、家具造型、海報、彩繪玻璃…，到第一次世界大戰後就銷聲匿跡了。

西班牙的高第、捷克的慕夏，都是其中的代表人物。

大教堂，聽見心靈之歌

天剛亮，我呼吸著12℃涼冷的空氣散步到大教堂，已經有一群早起的觀光客在晨曦中俯仰觀瞻。我隨著他們魚貫入內，聽見莊嚴、優美的葛利果聖歌迴盪在挑高的空間，心中一陣歡喜。

參訪大教堂，聽見靈性的召喚，
內心也獲得洗滌和撫慰。

那旋律、節奏和樂音,就像靈性的召喚,彷彿進入自我幽微的內心世界,聽見靈魂在唱歌。雖然不懂歌詞內容,也自然而然地敞開心靈,得到洗滌和撫慰。

葛利果聖歌(Canto Gregoriano),是一種宗教儀式的歌曲,陪伴著天主教修士每天的修行和各種彌撒活動。是教皇葛利果一世,下令收集流傳在羅馬附近的民間歌謠,把世俗歌詞改為經文編纂而成,約有三千首。沒有樂器伴奏,是純粹的男聲吟唱。

在宏偉的教堂內聆聽葛利果聖歌,那詳和、靜謐的氛圍和心境令我沉湎其中,久久不捨離去。

薩拉曼卡大學www.usal.es(門票 4€)

薩拉曼卡大學是西班牙最古老的大學,也被教宗亞歷山大四世點名為歐洲四大大學之一。

建立於1218年，是西班牙最古老的大學。

　　大學正門的牆面是銀匠式裝飾風格，有君主、教皇雕像、徽章…等繁複細緻的浮雕。參觀過一樓昔日古樸的課堂，二樓保存著歐洲第一座大學圖書館的原貌，人們只能隔著玻璃門觀看。偌大的空間排列著16萬卷古畫，散發出濃厚的書香氣息。

薩拉曼卡悠閒又優雅的街景。

如今，二十一世紀的圖書館發展已是全面自動化、虛擬化，數位資料解決了時效、空間和保存等問題。甚至超乎前人的想像，讀者不需親臨圖書館，只要透過電腦連上網路，就可以使用館內資源，有如鬼斧神工一般。

有這麼好的學習和研究環境，現代人多麼幸福啊！

由於舊校區不敷使用，薩拉曼卡大學在市郊和其他城市設立新校區，目前擁有六十多個系所。

我參觀著一處又一處古蹟，在古老和現代之間進進出出，好像坐著哆啦A夢的時光機飛來飛去。有時會有不知身在何處，或今夕何夕的恍惚之感呢！

10. 萊昂 *Leon*

我喜歡色彩，更喜歡彩繪玻璃。
特地來參觀以此聞名的大教堂。

大教堂（Catedral）， 看見內心的天堂。

萊昂的大教堂興建於1205年。雄偉的外觀、高聳的尖頂、
飛扶壁，為哥德式建築。鑲有一百五十多扇大型彩繪玻璃窗。

萊昂大教堂建於13世紀，是典型的哥德式建築。

進入陰暗的內部，每個人的目光不約而同被四周華麗的彩繪窗戶吸引了，真是大開眼界！凝視著色彩的盛宴，以及花草、動物、聖經故事的鑲崁藝術，就像看見內心深處的天堂。

　　彩繪窗戶從外面是看不出效果的，要從教堂內往外看，透過光線，圖案和色彩之美才顯現出來。有人說：「沒有彩色玻璃窗的亮麗光線，教堂將會憂傷」。

　　我們每個人的內心，就是一座教堂。點燃內心之光，讓生命變成一種禮讚吧。

　　想一想，我們可以點亮什麼光呢？

　　一個微笑，一句讚美，一通電話，一次拜訪…

波斯內提之屋（Casa de los Botines）

　　與大教堂相距約十分鐘步行的距離，一幢古典、雅緻如童話城堡的建築矗立在商業大道旁。這是高第建於1894年的作品，截然不同於「聖家堂」的怪異造型，展現出一位大師的多樣風貌。可惜現在是一家銀行所在地，不能入內參觀。

波斯內提之屋是高第1894年的傑作。

聖馬可修道院（Monasteria San Marcos）

位於Rio Bernesga河畔，現在改為五星級國營旅館。

西班牙的國營旅館，都由古堡、古蹟改建，保留歷史的外貌，內部為舒適的現代化設備，深受觀光客喜愛，當然價格也高貴。

灑落滿地的栗子

沿著旅館前廣場直走，是一條河濱綠地。整排行道樹竟然是高大的栗子樹，和散落滿地的咖啡色栗子。無意中發現這些令我魂牽夢縈的景色，心裡的雀躍真是難以形容！

每天清晨，我在栗子樹下散步。滿樹綠絨絨的果實，有些芒刺半裂，露出飽滿的栗子，非常誘人。奇怪的是，來來往往的行人竟然無動於衷，大自然這麼珍貴的禮物竟然沒人撿拾？我大惑不解。

聖馬可修道院建於1173年，原為幫朝聖者看病的醫院。

是不是太多了，不足為奇？

　　眼看著清潔員把它們一堆一堆掃起當成垃圾，多可惜啊！我
只能望而興嘆，莫可奈何。想起令人垂涎的栗子雞、栗子蛋糕、
佛跳牆裡的栗子……，突然飢腸轆轆起來。

　　下一次，一定要攜帶一個簡易式鍋具，讓旅行更盡興而無憾。

　　附記：我撿了一袋栗子打算攜帶回國，一直帶到最後一站，發覺
　　　　　有點長霉，只好放棄。

滿街的栗子樹灑落一地的栗子，竟無人撿拾。

11. 奧維多 *Oviedo*

這裡的公園，有圖書館。
這裡的公園，有鬥牛場。

聖方濟公園中雅緻的圖書館。

為了體驗FEVE窄軌火車，我從萊昂北上，穿越連綿的坎塔布連山脈，抵達奧維多。這個城市雖然沒有特殊的名勝，但市區建築也很典雅。我在這裡發現我所見過最美麗的公園。

沿著火車站前熱鬧的Uria大道直走，十多分鐘就來到聖方濟公園（Campo San Francisco）。十月之秋，公園依舊生氣盎然。高大蒼鬱的樹木、濃密的樹蔭、噴泉...，尤其那一大片鮮豔沉靜、

饱滿的綠草,美得令我驚奇。鴿子、孔雀、小鳥自在地漫步、啄食。公園裡有圖書館、餐廳。不論坐在樹下看書、看報、溜狗、推著嬰兒車,都是一件賞心悅事。

奧維多可愛的街景。

我踱著閒散的步子,欣賞四周由淺綠、翠綠、墨綠交織而成的景色,好像第一次知道什麼叫「層次感」。連空氣也感覺格外清新滋潤,把旅途的勞頓都紓解了。

一位住過馬德里的婦人說,比起有十多條地鐵貫穿的馬德里,奧維多是一個舒適親切的小城。即使是小城,也擁有一座迷你鬥牛場,在市郊的公園裡。

海明威在「危險之夏」書中,描述了鬥牛士如何以藝術創作的態度面對死亡的約會。他們冒著最大的危險去挑起一頭牛的鬥志,刺激牠、操縱牠一步步走向死亡。或許鬥牛的命運就是註定要這麼悲壯吧!

一天下午，我在旅館看到一場鬥牛的電視轉播，當一頭牛已經被助手們折磨得鮮血直流、體力不支的時候，鬥牛士才出場表演肢體藝術，不斷將綁有彩帶的長矛刺進牛頸，我實在不忍看下去了。

但是，對於鬥牛場的建築卻情有獨鍾。

每到一個城市，我總會找到Plaza de toros（鬥牛場）看一看。雖然都是環形，每一棟都別具特色，獨一無二。

鬥牛場環型的建築，各有各的特色。

12. 桑坦德 *Santander*

　　桑坦德是一個海港，氣溫比奧維多溫暖一些，有時風很大，陣陣海風吹拂。北邊，坎塔布連海的海浪一波一波衝擊著岩岸；東邊的桑坦德灣，停泊著無數的汽艇，有人垂釣。

　　這裡和英國、法國之間有船舶來往航行。

　　一天下午，我在旅遊中心索取資料的時候，遇見一對老夫婦帶著一隻黃金獵犬也來了。我忍不住想摸摸那隻溫順的大狗兒，

桑坦德遊艇碼頭。

老太太說牠叫Jasper。又說他們是英國人，為了和愛犬一起度假，從樸次茅斯搭了十八個小時的遊輪才到這裡，打算玩幾天後再租車往其他城市遊歷。真是一隻幸福的狗兒！

你見過手牽著手的樹嗎？
馬路中央，一棵棵修剪過、枝枒相連的樹木，好像手牽著手歡舞著。一坨坨的瘤結，非常獨特。

順著這條大路延伸下去，是美麗的林蔭大道Avenida de la reina victoria，一邊是別墅住宅，一邊是海灣沙灘。路的盡頭是海岬公園Peninsula de la Magdalena，松林裡有一座舊王宮、小型動物園（有迷你企鵝、海豹...），還有展示幾艘紀念船隻的露天博物館。

海岬公園中逗趣的企鵝。

手牽手的樹。

一天早晨，我走過市政廳廣場，看見一位全身灰色裝扮的女子，灰臉、灰頭髮，拿著一束灰色玫瑰靜坐路中，宛如一尊雕像。面前擺著一個灰簍子，有人投幣時，她就彎腰行禮、送飛吻。原來是一位街頭藝人。

街頭藝人。

桑坦德，旅程的最後一站。

十多天來，走了不少路，經歷了不少新鮮事物。

離家好久了，驛動的心情漸漸冷卻、淡化，是該收心了。

公園中的祖孫，構成溫馨的畫面。

13. 獨遊的況味

　　我孤立在羅馬達文西機場過境大廳等候轉機，一路伴我而來的華航空服員、台灣同胞，一轉眼全都不見了。

　　混雜在熙來攘往的各色人種、各國語言之中，我變成了世界公民。此時此地，我真的獨自一人了，一股強烈的孤單和惶恐襲來，一種前所未有、極致的體驗。

廣場的雕塑，恰如我讀遊的心情寫照。

我很清楚地知道，不能讓這負面情緒肆意滋長，否則將不知如何收拾…。我深深地吸一口氣，很快把它壓抑下去。沉靜地提起行囊，尋找自己的方向。

　　從羅馬往馬德里的飛機登機時間已到，隊伍排了很長。可是，不知道為什麼，告示板上那班機一直顯示在下一班。旅客紛紛質問也不得其果，只能焦急地空等待。又來了一位工作人員，拿著麥克風連珠炮似的說一大串好像在通知什麼，說完揚長而去，隊伍立即一陣騷亂。到底怎麼回事？我趕緊問旁邊一位說英語的男士，才知登機門改了，也跟著人群移動。對於義大利人的辦事效率和態度，留下不美好的第一印象。

　　獨遊的心情，像天氣多變化。
　　前一刻還神采奕奕，下一刻卻像洩了氣的皮球。
　　有時候是幸福的，卸下人子、人妻、人母…的多重角色，生活從工作、家庭瑣事中解脫出來，逍遙自在；有時候是酸楚的，獨在異鄉，檢驗著一個人自娛、自療的能力。必須為自己的行為完全負責，無人可以依靠。對於第一次嘗試的人來說，是有點嚴苛的。

　　我在人群中踽踽獨行，心情沒來由地低沉…。

　　猛一抬頭，被櫥窗一張海報吸引住，那碩長的身影和姿勢的魔力，好像賈克梅第（Giacometti）的雕塑，簡練富含深意的文字，像是針對我而寫的。頓時，一道光束穿過體內，我豁然開朗、振奮起來…。趕快拿出紙筆記下它（如圖），並像護身符一樣，隨身攜帶。

Hoy mas
Y manana
Mas

直譯：今天多一點，明天又多一點。
意譯：今天一小步，明天一大步。
或引申為：明天會更好。

　　「妳都在做什麼啊？」打電話回家，孩子問著。

　　一個人旅行，除了風景、名勝古蹟的觀賞之外，很多時候是要面對赤裸裸的自己，無所遁逃。是被無邊的寂聊所淹沒？還是藉由外在與內在的對話，激發、填補如詩般的豐盈呢？

　　我體驗到，不管你到哪裡，不論在國內或國外，生活的基調其實是一樣的，全在於自己如何造就。

14. 走路的天堂

　　旅行的時候，能有充裕的時間，用走路的方式來認識一地是我渴望的。景物隨著步行的速度緩緩展現，走走、停停、觀看，不急不躁，多愜意啊！不像開車倏忽而過，獨留下驚鴻一瞥的遺憾。

　　抵達一個城市安頓好住所之後，身心就踏實、輕盈了。每天研究地圖，帶著相機四處遊走，名勝古蹟、廣場、市場、大街小巷…，捕捉自然、人文風景。一份地圖總是不夠用，很快就翻爛了。

　　清晨六點左右醒來，窗外仍然寂靜漆黑，大地還在沉睡。我躺在床上，或者看書、任思緒漂流；或者收聽古典音樂，計畫一天的路線…。吃過早餐，九點天剛亮，馬路上的交通繁忙起來，我也準備好外出了。

栗子、無花果、橡實

走路，不僅讓我遇見期待中的栗子樹，還發現二種品種。一種樹形小、葉細長、果實芒刺多、栗子一端呈尖狀（我們吃的板栗）；另一種樹高大、葉橢圓、掌狀，綠殼芒刺較少、栗子粗圓（印度栗）。人行道、公園、野外，都可看到它們的姿影。

印度栗(上)、板栗(下)。

無花果，不論果實或果樹，常是文學裡謳歌的對象。

里爾克在「杜英諾悲歌」中，讚美無花果是不尚浮華的英雄。薩拉曼卡的女子修道院裡，就有一棵結滿果實，兩層樓高的無花果樹。紫紅色成熟的鮮果甜膩多汁，吃起來好像軟紅柿的感覺。公園或路旁，也常有它們的芳蹤。

一位喜愛畫畫的朋友曾經這樣描述法國梧桐樹，她說，「一色塊、一色塊斑駁的樹幹，好像沾滿顏料的調色盤」。我終於在這兒看見了，它們就像榕樹在台灣那麼普遍。

一天我沿路走著，發現身旁一棵大樹長滿綠色戴灰帽的小果子。我仔細觀察，心想這是不是童話故事裡松鼠、野豬愛吃的橡實呢？一位溜狗的先生說它叫 "bellotas"，十一月果實由綠變黑就可以吃了。我回到旅館查了字典，沒錯，就是「橡實」。

無花果樹常是歐洲文學中謳歌的對象。

童話中松鼠、野豬愛吃的橡實。

梧桐樹就像是榕樹在台灣一樣的普遍。

很高興又認識一種心裡想見的樹！

　　邂逅這些早就耳熟能詳，卻一直沒有機會目睹的樹，我好像上了一堂有趣的「樹木學」。這些發現和印證的過程，讓我感到興奮又滿足，真是不虛此行！

週休假日何處去？

　　西班牙人很重視家人、朋友相聚的時光，不超時工作。不像我們有不少人犧牲假日，忙碌地工作和賺錢。休假日，這裡的商店、百貨公司多不營業，路上盡是穿著正式、相互寒喧、上教堂作禮拜的人們。想看的名勝看過了，無處可逛，做什麼好呢？

市立游泳池。

　　無所事事的時候，我最喜歡的娛樂就是去游泳了。

　　我住的旅館沒有游泳池。想游的時候，問過旅館或旅遊中心，通常步行一個小時左右才到公立溫水游泳池。我新奇地邊走邊瀏覽街景，好像翹家的小孩。

門票2～2.4€ 不等。沒想到這裡的水池比較深,第一次下水時踩不到底,慌亂中差一點逃之夭夭,還好慢慢適應了。我來來回回游著,在一呼一吸之間享受久違的舒暢。游累了,仰躺水面輕輕擺動兩腿,像一片樹葉緩緩漂浮,全然地放鬆;兩手微微撥水,像鳥兒自由飛翔........樂在其中。

　　旅行的時候,如果能夠持續平常的運動習慣,由身體的律動滲透到內心的和諧,對於體力和精神都是很好的調劑。

　　當我看見有人繞著大教堂在石板路上晨跑,覺得他們真幸福。

市立游泳池。

15. 秋天的原野

秋天的原野，美得像是一幅畫。

　　旅程的最後一天，我從桑坦德搭乘巴士南下到馬德里，準備回國。

　　桑坦德和馬德里之間，每天有7班車兩地對開。全程大約六個小時（兩位司機輪流駕駛），中途在咖啡旅店休息二十分鐘。

車子漸漸遠離市區，在坎塔布連山裡蜿蜒繞行。窗外的山巒忽兒消失、忽而出現，變幻莫測，山嵐和山巒好像在玩捉迷藏；時而，我們也籠罩在雲霧迷濛之中，我看得入迷。

不知過了多久，景觀全變了。映入眼簾的是遼闊的天空映照著遼闊的原野，我的心融入寬廣的天地之中，心曠神怡。

樹木的顏色是黃綠交織，有的外圍一層綠色鉤邊；有的整棵艷黃…，美不勝收。我不時拿起相機，想留住這美麗的秋色，可惜都因動作太慢，或被兩旁樹木擋住，一幕幕錯過了。由於初次使用數位相機手忙腳亂，不禁為自己的笨拙搖頭。索性放棄，靜靜獨享吧。環顧四周，沒有人像我這般忙碌、激動，不禁有點不好意思。

終於看到白楊樹的風采了！

茅盾在「白楊樹禮讚」中描述，「在中國西北極普遍但絕不平凡的樹。筆直的枝幹，一律向上，是力爭上游的樹。」當原野裡出現一排排參天聳立的樹時，

秋天的白楊樹滿是風采。

一種似曾相識的感覺，我一眼就認出了它。有的葉子已經掉落，光禿禿的枝幹，堅強不屈的性格表露無疑。有趣的是，希梅內茲形容葉子落光的白楊樹，像馬戲團雜耍的女孩，將穿著灰色絲襪的細長玉腿併攏舉起的姿態。

　　從一棵白楊樹的描述看出中國人刻苦、為理想努力不懈；而我更欣賞西班牙人除了工作，也不忘美感和品味的生活。

　　還有一片緋紅的作物，那是梵谷畫中的紅色葡萄園。秋天，葡萄葉變紅，然後掉落。

　　忽然，眼前出現一大片黑褐色的向日葵田。一棵棵乾扁枯萎的向日葵，好像遲暮的垂垂老者，我被那衰老疲憊的氣氛震懾了…。

　　我想起羅丹一段關於美學的論述：「在藝術家眼中，一切都是美的。他的眼光能把握「特徵」，也就是把握從形象透露出的內在真理，這真理就是美」。這，就是藝術家與眾不同的洞察力和美感深度。

　　巴士在原野中疾馳……。

　　我的旅途因為有詩人、畫家…的導覽，更豐富、更深刻了。

白楊樹傲立於原野中的姿態。

16. 便利的交通網

FEVE窄軌火車（www.feve.es）

我們生活的環境是多麼吵雜、擁擠啊！有時候，我會渴望到山之崖、海之濱自我清靜、放逐一下。然而，常常只能「心遠地自偏」埋首閱讀之中。

這時候，FEVE就是最好的選擇。

不同於國營火車RENFE，FEVE行駛於北部山區、海邊城鄉，就像台灣的支線火車。大部分乘客是短程的，因此不會客滿。車票上也沒有打出座號，隨意就座。

恬靜樸實的北方，不像南部的熱情和陽光，很多西班牙的典型特質在這裡找不到。北部是農牧業地區，沿

途所見綠色的山林、農莊、結滿果實的蘋果樹，還有低頭吃草的牛馬、散置草地圓圓的白石頭，近看原來是一隻隻趴著休息的綿羊。

　　從奧維多到桑坦德，全程有52個小站，大約三、四分鐘就停靠一站，是一趟悠閒的小火車之旅。 FEVE的行駛路段有：

Ferrol ⟷ Oviedo	7小時	16.7	€
Oviedo ⟷ Santander	5小時	11.4	€
Santander ⟷ Bilbao	3小時	6.25	€
Bilbao ⟷ Leon	7小時	17.75	€

長途巴士

　　我覺得搭長途巴士旅行，比起火車來得方便、機動。

　　西班牙各大城市之間，有不同公司經營的巴士來往銜接，交通方便。這次旅程，我就搭了四家巴士。車上有報紙、音樂和影片，都很舒適。有些對號入座；有些乘客不多，任意就坐。巴士站售票處在地面層，乘車處大都在地下一、二層。平日和周休假日的班次時刻表會有差異。

Madrid ←→ Salamanca	2時45分	www.autores
Salamanca ←→ Leon	2時40分	VIVAS
Leon ←→ Oviedo	1.5小時	www.alsa.es
Santander ←→ Madrid	6小時	www.continental-auto.es

馬德里地鐵 （www.metromadrid.es）

從早上6：00到凌晨1：30，
單程票1.15 € 。

雖然在馬德里只搭了二次地鐵，但我已經愛上了它。

馬德里地鐵由十二條線交織而成，好像葉脈縱橫交錯。四通八達的輸送網，看似複雜，遊戲規則其實很簡單。在售票窗口拿一小張地鐵路線圖，記住目的地站名，沿途經過的站名，或在哪一站下車？換搭哪一線？車站內的標示都很清楚。再不放心的話，問問旁人就知道了。如果搭錯也沒關係，只要不出站，再搭回來即可。

本來我是排斥地鐵的，想以公車代替。因為所有資訊都一再提醒：馬德里地鐵扒手猖獗，他們故意製造紛亂趁機下手。而旅

館老闆建議搭地鐵比較方便，出了地面，就是我要搭的長途巴士站。我神經緊繃地經歷過後發覺，只要避開擁擠的時段，隨時小心謹慎，真的很便捷。我很高興沒有把它錯過了。

下一次，就用它來飽覽馬德里城市風光吧！

17. 關於飲食

家庭主婦的角色扮演久了，不論走到哪裡，總是習慣性地把眼前的食物抽絲剝繭，一探究裡。主婦的飲食之道是很挑剔的，既要經濟實惠、新鮮美味，更要有益健康。

市場上販售的各式乳酪。

當我在超級市場看到鮮奶比礦泉水便宜，心想：不如把鮮奶當水喝不是更好？結果，一公升的牛奶還沒喝完，肚子已經咕咕叫，不敢再喝了。問過旅館和旅遊中心，確定生水可以直接飲用後，我就入境隨俗一路喝到底，還蠻可口的。

我學會在超級市場買水果。用塑膠袋裝好需要的水果，並記住貨架上的代號，拿去秤重。在磅秤的數字鍵按下代碼，如 "36"，品名和價格標籤就自動印出，把它貼在袋上才能結帳。台灣的超市，這些動作是由專人服務的。

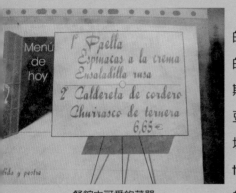

餐館中可愛的菜單。

　　各國的飲食文化，真是一門深奧的學問，不是短時間就能適應或了解的。當我在奧維多，嚐到阿斯圖里亞斯地區的傳統菜餚 "Fabada"（白豆、臘腸、鹹肉濃湯）。在桑坦德品嚐坎塔布里亞地區的 "Cocido montanes" 山地燉菜，（由鷹嘴豆、煮爛的捲心菜和臘腸煮成）。份量很多，口味又重。每天下午二、三點吃完午餐回到旅館，總是忍不住要喝很多水。晚餐通常也吃不下了，只吃些水果補充纖維。越來越想念家鄉的清粥小菜，想炒一大盤青菜大快朵頤，想吃熱騰騰的地瓜粥…。

　　離開台灣，才發覺她的美好。不論水果、麵包、菜餚，種類和口味都很豐富，都是視覺、味覺無上的滿足。

　　馬鈴薯煎蛋餅是一道西班牙典型的食物，任何大小餐館都少不了它。回來照食譜試作之後，孩子們吃得津津有味，讓我很有成就感。

西班牙旅途中造訪的小酒館。

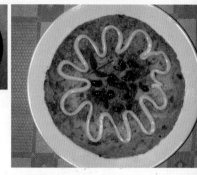

馬鈴薯煎蛋餅（Tortilla）

作法說明如下：

材料：

5茶匙橄欖油‧3個馬鈴薯去皮，切薄片

半個洋蔥切丁‧六個蛋‧鹽、黑胡椒少許

作法：

1‧取9吋（23cm）平底鍋，倒入一半的油，熱鍋。放入馬鈴薯片煎到
　變軟上色即可（不要炒到周圍焦乾），盛起。

2‧放入洋蔥炒軟，有點上色，盛起。

3‧將1.2.倒入蛋液中拌勻，加鹽、黑胡椒調味。

4‧倒入剩下的油，熱鍋，很熱時倒入3.。

5‧立刻轉小火，煎到底部成金黃。一面用抹刀或小鏟塑型蛋餅邊緣，
　使它變成4cm厚。

6‧取和蛋餅同樣大小的盤子，直接蓋在鍋內蛋餅上面倒扣，蛋餅在盤
　子上。

7‧把平底鍋放回爐上，蛋餅滑入，小火煎另一面直到結實。

8‧放入盤中，切小塊食用，熱食或冷食皆可。

註： 像作披薩一樣，基本材料不變，可酌加鮪魚、玉米粒、蝦仁、

火腿...，更豐富美味。為節省時間，在最短時間就能上桌，我常前一

日先把馬鈴薯片蒸好，或煮飯時放在生米上一起煮熟備用。

18. 旅人之家

旅遊服務中心。

找一個安全、舒適、便利的住處，探索就從這裡展開⋯。

我的行程上完全空白的，就是住宿的安排了，這真是一項大膽的嘗試。沒有預約，是因為在人生地不熟的城市找預約的旅館，也得花費一番工夫，不如抵達時就近投宿方便的旅館。如果行程臨時異動，還得通知或取消預約，也很麻煩。

西班牙的住宿，從大飯店到家庭旅館應有盡有。旅館門口藍底白字的招牌，就可以看出所屬種類和等級。基本上，我選擇只供住宿，不附早餐的經濟型旅館（HR），舒適乾淨的套房就讓我很滿足了，每晚約台幣一千五百元。

為了多一些不同的體驗，我也住過家庭旅館（pension），一晚約台幣一千元。如果衛浴共用就更便宜。有些pension是每天收取現金的。

　　抵達一個城市，我先去車站內的旅遊中心拿取市區地圖，上面有旅館的地址、電話...，然後按圖索驥。

　　找到想住的旅館，先按門鈴問問有沒有空房。有的話，老闆會開門讓你進去。Hostal通常在二樓或三樓。參觀、詢價之後如果合意，告知想住幾晚，登記護照即可。

　　如果房間已經客滿，店家會在門口張貼 "completo" 字樣。

　　有幾次抵達時，正是旅遊中心午休時間。在沒有任何指引之下，我直接拉著行李沿街邊走邊看，也幸運的找到滿意的住所。因此，沒有預約旅館，也不至於流落街頭。

　　最後一站是桑坦德，我找到巴

民宿Pension。

士站附近一家〝pension plaza〞，民宿的價格，旅館的品質。因為單人房客滿，老闆先給我一間雙人房。我高興地住下，才發覺房間靠大馬路，夜裡車來攘往的聲音叫我無法安眠。第二天外出時跟老闆反映一下，他要我先把行李打包好，如有空房馬上幫我換。下午回來，已經換到靠巷子的一邊，似乎安靜多了。然而傍晚，另一種機器的噪音又響起。對於聲音這麼敏感，連我自己都不耐煩了。不過夜裡果真很安靜，睡得很好。

清晨，我是被窗外甜美的鳥聲喚醒的。沒聽過這麼悅耳的天籟之音，我屏息傾聽，深怕驚動、打斷了牠們。沒想到西班牙不只古典音樂好聽，鳥語也這麼婉轉動人。為了享受在鳥聲繚繞中醒來的幸福，我也就暫時容忍那單調乏味的機器聲了。

旅途中一路尋找落腳處，充滿挑戰和刺激，把自助旅行的精神發揮得更徹底，也讓我學會隨遇而安，更像一個旅人。

19. 機場之夜

　　夜宿機場，到底是怎麼一回事？也是我所好奇的。

　　回國的班機是早上八點，也就是清晨四、五點要離開旅館。想到暗夜中，獨自拉著行李在路上就擔心；又怕萬一睡過頭，趕不上班機...。還是夜宿機場吧！雖然辛苦一點。

　　從桑坦德搭Continental Auto公司長途巴士，一路南下到馬德里，我正為外面下著大雨而苦惱。沒想到，巴士終點站 Avda. de America

　　地下層就是地鐵站。我搭L6到Nuevos Ministerios站，轉乘L8，半小時左右就到達Barajas機場航站大廈。竟然這麼方便，

¡Estupendo！ 我的西班牙假期

真是太順利了！想到可以回家了，真好，真有點迫不及待了！
（十多天來我一直不敢想家，因為促銷機票是不能更改的）。

這時才下午六點，我還要等十二個小時呢！

先去義大利航空公司確認機位吧，然後享用一頓悠哉的晚
餐。11：30，餐廳打烊，我四處走走。有人已經在角落處、柱
子旁打好地舖，捲著睡袋舒服地睡覺了。有椅子的地方，差不多
都有人坐，或打盹、看書、或講話聊天，想必也是等候明晨早班
機的旅客。

機場依舊燈火通明。

清潔員開始打掃；售貨員忙著把一台一台飲料販賣機補滿貨

品；偶有巡邏警察走過。
還好古典音樂電台不打
烊，我帶著耳機一邊聽音
樂，一邊好奇地觀察，尋
找注目的焦點，有時閉目
休息。

最忙碌的，就是那台行李打包機了（Securebag），不時有生意上門。只見操作人員把各式各樣的行李箱用塑膠膜層層包裹，只留下把手和輪子，捆一袋4.5€。先前看到不少旅客推著光鮮亮麗好像太空包的東西，原來就是這裡加工的。

　　平常夜裡，只要有一點聲音就會讓我無法入睡。而今晚，機場裡的各種聲響不但沒有打擾到我，反而像有人作伴一樣受我歡迎呢！

　　4：30，航空公司人員上班了，旅客也從四處紛紛湧出。

我，無用事物的嚴肅調查者
——佩索亞（Fernando Pessoa）

　　這一夜，我儼然成了葡萄牙詩人佩索亞筆下的那個人物。

　　5：30，我的班機開始報到。
　　馬德里的機場之夜，比我想像中安全、不寂寞。
　　再見了，西班牙。

20. 與白雲對話

飛機正在衝過雲層，往上攀升...。

我鑽進雲的殿堂，不只看見白茫茫...。

我在雲端，觀賞日出、雲霞、還有星空...。只見雲的色彩和

形狀，有時潔白、有時渲染淡淡的粉紅、耀眼的橘紅、或藍白相

間…；有時一朵朵、有時朦朦朧朧、有時飄逸如絲…。我感受著大自然強大的淨化力量，內心充滿敬畏與驚奇。

雲，在我眼前千變萬化，它們在對我細細私語…。
我在雲中，在深不可測之中，又像沉浮在自己內心之中。
我想要透視它、讀懂它…。

旅行回來，對於那無邊無際、雲湧的絕美仍然無法忘懷。不時叫出存在電腦的數位影像，再回到那個場景，繼續去體會、去咀嚼。慢慢地，我感到一股內在的滲透和昇華產生了…。

杜斯妥也夫斯基說，〝美能拯救世界〞。
美，使人從物質提升到精神世界；從物質中發現神性。
深入美麗變幻的雲端，我看見了未知的魅力和吸引力。
從此，把我從未來、未知的恐懼、擔心中解放出來。

想起臨出國時，在機場給住校的女兒打電話。
她問：「妳可以嗎？」
其實，我並沒有絕對的把握。只覺得自己好像戰地記者，雖然害怕，仍然勇往直前。對我來說，這是一趟外在與內在雙重的旅行，一趟從已知到未知，從熟悉到陌生的冒險之旅，意義重大。

不管怎樣，就是要去體驗。

勇氣是絕對需要的。

　旅途中，每當要出發前往未知的下一站，內心都需要一番調適，才能放鬆、坦然地迎向它。幾次下來，當我勇敢地走進未知，我發現沒什麼好怕的，恐懼漸漸消失了，心裡的感覺反而是平靜、美妙。

　不再害怕未知，是此行最大的精神收穫！

　旅程結束，才發覺景物照得太少而來不及了，只剩下天上的雲彩可以捕捉。沒想到，這些美麗的影像，又給了我意想不到的禮物！

王汶松　攝

Part III

歸來
Back Home ……

----

21. 珍藏

　　我覺得，自助旅行就像讀一首詩。

　　讀詩的時候；旅行的時候，每個人對於
自己感興趣的部份加以放大、延展、透視、
或想像…。這樣淋漓盡致的感覺真是過癮。因
此，每個人的詮釋，每個人的故事，每個人
的收藏都不一樣，都帶著強烈的個人色彩。

　　咖啡，可以有多種喝法。因時、因地、
或心情而異。

　　以前我喝濃郁的espresso；旅行回來，
我為自己煮café con leche。一杯溫潤的咖啡牛奶，開啓了我
一天的生活。

　　咖啡牛奶，是我在旅行中每天的熱飲。不同的是，現在我搭
配著鬆軟可口的麵包，而不是讓我齒牙動搖，難以消受的硬麵
包。

i Estupendo！ 我的西班牙假期

　　我的café con leche有楓糖的樹香、奶泡綿密的觸感、淡淡苦味的咖啡香。豐富的層次打開了記憶的寶盒，奧維多公園的綠、原野深淺的黃......歷歷在眼前閃現。

　　有人收集行李籤嗎？

　　朋友說：航空公司的行李籤顏色鮮明、大小適中，拿來當作書籤很理想。我覺得除了實用之外，它還具有紀念性。於是，趁候機的時候也收集了一些。旅行的點點滴滴就濃縮在這一張一張別緻的書籤裡。當我閱讀的時候，在不經意間，和我親切敘舊...。

　　一天早上，小花狗和先生剛從外面運動回來。看到我，牠興奮地跳著踢踏舞，那時我正在播放葛利果CD。當歌聲響起，只見花狗突然趴在地板上，望著音響安靜地聽著。我驚訝這聖歌的神奇魔力，連動物也被心靈感召，女兒在一旁笑說：「牠是跳累了吧！」

　　這些微不足道的收藏，只是我隨興、
私密的喜愛而已。
　　它們貼近心靈，為我平淡的
生活增添了一些色彩，和無窮的樂趣。

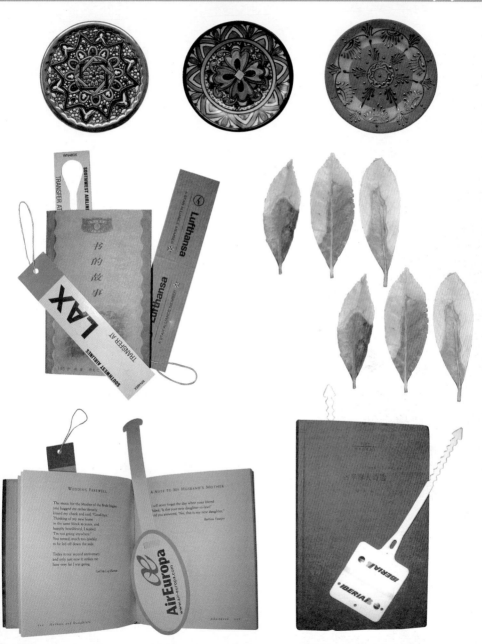

22. 旅費 （93.10/ 6~26 二十天）

我的旅行－舒適不奢華，也不致於克難。

不過，不要忘了回國後昂貴的手機漫遊費用喔！

機票26000元（義大利航空）

住宿24000元（Hostal，pension）

交通3000元（來往城市之間長途巴士...）

食7000元（商業午餐，早、晚餐自理）

雜項10000元

23. 結語

！我終於唱出一首自己的歌。

50歲的我，初次嘗試自助旅行無可取代的魅力！

非常感謝幸運之神的眷顧，此行一路順利，並能平安歸來。

美中不足的是，雖然抵達馬德里，投宿在頗富盛名的普拉多大道美術館附近，可惜只過一夜就匆匆離去，是被它＂治安太差＂的惡名嚇跑了。

其實在國內，不也詐騙、竊盜橫行，隨時需要提高警覺？

自古以來，東方與西方就像磁鐵一樣相互吸引。回程的飛機上，鄰座是一個正要去曼谷尋夢的英國女孩，看她按耐不住的期待與緊張之情，我好像看到二十天前的自己。而現在能以過來人的經驗祝福她，感到不可思議。

　　音樂家是用音符、旋律，帶給人們對一個地方的綺思幻想。例

　　如，葛拉那多斯的「西班牙舞曲」，夏布里耶的「西班牙狂想曲」…。而我把自己實現夢想的心路歷程、旅途所見，以及細碎的思緒收集起來，用文字忠實地、有條理地組織、拼貼、呈現。

　　在緩慢書寫、回憶的過程中，思緒仍然持續的成長與蛻變，一些表層、淺薄的感受沉澱了，深化了；原本紛亂、模糊的意象清晰了，滿足了我對事物〝本質〞的追求，令我欣喜。

　　不要單單滿足於聽別人的故事，

　　不要單單滿足於知道發生在別人身上的事情。

　　展現你自己的神話。

　　　　　　　　　　　　－魯米（Rumi）

　　尼朵也說：再創造自己，且讓這個成為我們最好的創造吧。

　　獨樂樂不如眾樂樂，謹以此書獻給那些和我一樣，有興趣走出自己、拓展自己的讀者朋友。

　　也因為您的分享，這些非常個人化的體驗更有意義了。

24. 後記

　　我越來越瞭解到，一個夢想的實現，只靠一己的意志力是不夠的，還需要天時、地利、人合多方面配合；就像一粒種子需要陽光、土壤、雨水的滋養，才能長成大樹。

　　我的假期，是我和自己的親密約會！
　　我的假期，還有什麼樣的可能呢？

　　最近看完" Good luck"（當幸運來敲門）這本書。故事結束的時候，Jim決心要以64歲之齡開創屬於他自己的「幸運」；而我也要把握有限的時光繼續擁抱世界。
　　下一次去哪裡？
　　拜訪歌劇、pizza的故鄉－義大利？或者… ？
　　那你呢？

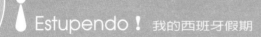
實用資訊

一、索取旅遊資訊及辦理簽證

西班牙駐台灣商務辦事處
地址：台北市104民生東路三段49號10樓B1室
電話： 02-2518-4905 傳真： 02-2518-4891
e-mail： buzon.oficial@taiwan.ofcomes.mcx.es
網址： www.tourspain.es
www.spaintour.com
www.guia-spain.com
www.aboutspain.com

1.觀光及商務簽證必備文件：效期三個月以上之護照，正本與影印本各一份；
本人親自簽名之申請表格，並在第一頁貼妥最近一年半身照片一張；行程表
一份；機票影印本或訂位紀錄一份；身分證影印本一份。
2.停留31到90天者，必須加附下列a或b文件：
a、 公司說明函，寫明申請者姓名、職稱、護照號碼、拜訪目的及欲拜訪之
西班牙公司名稱，經往來銀行背書即可。可參照範本。
b、公司說明函及申請人之存款證明。
3.簽證費用：30天以內，單次出入：新台幣750元；30天以內，二次或多次出
入：新台幣900元；31~90天，單次出入：新台幣900元；31~90天，二次或
多次出入：新台幣1,050元。
4.簽證時間：
收件：周一至周四上午9:00~11:30；領件：周一至周五上午9:00~11:30。需
六個工作天。

二、台灣至西班牙國際航線
台灣與西班牙之間並無直飛班機，必須經第三地轉機。部份航空公司如荷航包

裝有馬德里加巴塞隆納的自由行套裝，經阿姆斯特丹轉機，是比較方便的選擇。

其他如法航、德航、瑞航、英航、義航、伊比利航空等，皆有航班飛往馬德里或巴塞隆納，你可向上述航空公司洽詢。

三、實用電話

1. 當地緊急專線112　　　　2. 國家警察局061
3. 馬德里市警局091　　　　4. 失物協尋專線092
5. 馬德里外縣市求助專線010　6. 馬德里機場902-400-500

四、當地旅遊服務資訊

1.馬德里旅遊服務中心

馬德里有多處旅遊服務中心，每一處所能提供的資料有些許差異，位於主廣場的總部服務人員服務較為專頁，能針對個別疑問提供詳實的解答和平面資訊。

地址：Plaza Mayor, 3　　　電話：915-88-16-36
傳真：913-66-54-77　　　　e-mail：inforturismo@munimadrid.es
網址：www.comadrid.es
　　　　www.munimadrid.es/congresos
　　　　www.munimadrid.es-congresos
　　　　www.aboutmadrid.com

2.薩拉曼卡旅遊服務中心

地址： Plaza Mayor
電話： 923-21-83-42
網址：
www.aboutsalamanca
www.dipsanet.es/provin/provin.htm
www.dipsanet.es/turismo/salamancap2.htm
www.salamancaciudad.com/turismo

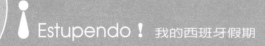

3.巴塞隆納旅遊服務中心

地址： Plaza de Catalunya, 17-S　　電話： 933-04-31-34

地址： Paseo de Gracia, 107(Palau Robert)　　電話： 932-38-40-00

地址： Sants Estacion　　電話： 934-91-44-31

網址：www.barcelonaturisme.com

www.aboutbarcelona.com

www.gencat.es/turistex

www.bcn.es

www.diba.es/turismetotal

4.萊昂旅遊服務中心

地址： Plaza de la Regla, 3　　電話： 987-23-70-82

網址：www.fontun.com/leon/index.htm

www.dipuleon.com

五、當地交通：

1.火車交通：

西班牙的鐵路系統相當方便，從歐洲各國都有國際火車抵達馬德里、巴塞隆納、塞維亞、馬拉加等重要大城。尤以馬德里和巴塞隆納，是重要的國際列車終點。如果能以火車與長途巴士搭配運用，行程可以更具彈性。

西班牙火車查詢網站：www.renfe.es　　電話：902-24-02-02

2.長途巴士：

西班牙的長途巴士系統完善，網絡四通八達，比火車還方便，班次也更為頻繁，有些地方火車並不相通，長途巴士卻幾乎無所不至。整體而言，長途巴士站往往比火車站更靠近市中心，票價也比較便宜。所以搭長途巴士旅行是不錯的交通方式。

但因行駛區域或路線不同，車子的品質與服務有所差異。長途巴士每行駛1~2個小時就會停靠一次休息站，休息站裡有販賣食物、飲料，以及免費提供旅遊者使用的廁所。

西班牙長途巴士查詢：

Alsa

網站：www.alsa.es　　電話：902-42-22-42

Auto Res

網站：www.auto-res.net　　電話：902-02-09-99

六、西班牙小檔案

■首都：馬德里

■政體：君主立憲

■人口：超過四千萬

■語言：西班牙語(Espano)為主、英語並不普及。

■宗教：83%信奉天主教

■貨幣：歐元。紙幣分為5、10、20、50、100、200、500元等七種面額；硬幣分為1、2、5、10、20、50分及1元、2元等八種面額。

■時區：比格林威治時間(GMT)早一小時，亦即台灣時間減去七小時；夏令日光節約期間則比台灣晚六小時。

■電壓：220伏特

■電話：

從台灣打國際電話到西班牙，除了先撥002(目前更有005、006、009等眾多系統)外，須加西班牙國碼34，然後再加電話號碼；若從西班牙打電話回台灣，則須先打國際冠碼00，再加台灣的國碼886，再加區域代碼(如台北區域代碼為02，則撥2)，才撥電話號碼。

國立中央圖書館出版品預行編目資料

¡Estupendo！ 我的西班牙假期—
／ 周淑蘭 作
初版；台北市：晴易文坊媒體行銷,2005(民94)
面；21 × 15公分 （一個女人系列）
ISBN 957-29211-2-6 (平裝)
1. 西班牙—描述與遊記
746.19　　　　　　　　94007940

Estupendo！我的西班牙假期

作　　者	周淑蘭
E-mail	kudo_michelle@yahoo.com.tw
封面攝影	王汶松
總編輯	楊逢元
主　　編	洪雅雯
美　　術	葉鴻鈞
發行所	晴易文坊媒體行銷有限公司
發行人	石育鐘
地　　址	台北市吉林路286號7樓
電　　話	02-2523-3728
傳　　真	02-2531-3970
網　　址	htttp://www.sunbook.com.tw
郵匯帳號	19587854
製版印刷	懋元彩色印刷股份有限公司
出版日期	2005年5月15日
定　　價	200元
總經銷	紅螞蟻圖書
地　　址	台北市內湖區舊宗路二段121巷32號4樓
電　　話	02-2795-3656